다른 그림 찾기 2
우리들의 순간

글·그림 홍인기

홍인기(Hong Ingi)

숭실대학교 철학과 입학(2006)
일본 '오사카 애니메이션칼리지' 입학(2011)
일본 '오사카 애니메이션칼리지' 스토리 코믹 전공 졸업(2013).
숭실대학교 철학과 졸업(2015)

〈수상〉
제4회 일본 小學館 주관 '클럽 선데이배' 만화 공모전 격려상 수상(2013).
제21회 일본 講談社 만화잡지 ≪イブニング≫ 신인공모전 우수상 수상.

〈개인전〉
"집사와 함께 하는 냥이의 여름" 갤러리 봄아(2019.8.1.~8.14)

〈저서〉
우리들의 밤(2019)
시시한 생각이라도 괜찮아(2022)

다른 그림 찾기2
우리들의 순간

초판인쇄 2022년 06월 21일
초판발행 2022년 06월 27일
글 그림 홍인기
펴낸이 권호순
펴낸곳 시간의물레
등록 2004년 6월 5일
등록번호 제1-3148호
주소 경기도 파주시 숲속노을로 150, 708동 701호
전화 031-945-3867
팩스 031-945-3868
전자우편 timeofr@naver.com
블로그 http://blog.naver.com/mulretime
홈페이지 http://www.mulretime.com
정가 15,000원
ISBN 978-89-6511-391-1 (17650)

*이 책의 저작권은 저자에게, 출판권은 시간의물레에 있습니다.
*잘못된 책은 바꿔드립니다.

들어가며 ⋯→ 4

각 챕터의 구성 ⋯→ 5

아침에 일어나서 밖을 본 순간 ⋯→ 7

현관문을 열고 계절을 느끼는 순간1 ⋯→ 11

현관문을 열고 계절을 느끼는 순간2 ⋯→ 15

침대에 다이브하는 순간 ⋯→ 19

체중계에 발을 올리는 순간 ⋯→ 23

자다 떨어지는 느낌이 드는 순간 ⋯→ 27

전화가 울리는 순간 ⋯→ 31

이불킥 하는 순간 ⋯→ 35

시간이 많이 흐른 것을 깨닫는 순간 ⋯→ 39

서로 같은 방향으로 피하는 순간 ⋯→ 43

추운 겨울, 실내로 들어간 순간 ⋯→ 47

SNS에 반응이 온 것을 알게 된 순간 ⋯→ 51

모르는 정류장에서 눈을 뜨는 순간 ⋯→ 55

벽에 발가락이 찍히는 순간 ⋯→ 59

택배가 도착하는 순간 ⋯→ 63

정리하다가 그리운 물건을 발견하는 순간 ⋯→ 67

모임에서 돌아와 자취방에 들어온 순간 ⋯→ 71

더운 날 마시는 아이스 아메리카노의 순간 ⋯→ 75

첫 눈을 밟는 순간 ⋯→ 79

계절이 바뀐 것을 실감하는 순간 ⋯→ 83

마치며 ⋯→ 87

들어가며

지금까지 살아온 날들을 되돌아 보면 인상 깊게 남아있는 특별한 순간들이 몇 가지는 떠오릅니다. 오래 전 일이라도 그 때 느꼈던 냄새나 감촉, 말 한마디까지 선명하게 떠올릴 수 있을 정도입니다. 어떤 계기로 문득 생생하게 되살아나는, 다신 없을 특별한 순간은 우리 삶이 선물해주는 보물같은 존재라 할 수 있겠습니다.

반면, 다시는 없긴 커녕 몇 번이나 경험하게 되는 흔한 순간들은 말하자면 '특별하지 않은 것'입니다. 굳이 찾으려 하지 않아도 눈을 돌리면 바로 거기에 언제나 있는 순간들 말이죠. 잠에서 깨어 눈을 뜨는 순간, 외출을 위해 문을 열고 집 밖으로 나가는 순간 등, 너무도 흔해 빠져서 일일이 몇 번 체험했는지 다 셀 수도 없는 순간들이 있습니다. 우리 삶은 대부분 그런 흔한 순간들이 모여서 만들어진다고 해도 과언이 아닙니다.

언제나 우리 곁에 있는 그 순간들을 마주할 때, 우리는 오랫동안 알아온 사람을 대할 때와 비슷한 기분을 느낍니다. 떠올리기만 해도 여러가지 생각과 감정에 잠기게 만들어주며 익숙하면서도 새롭고, 때로는 그리운 기분을 주기도 하죠.

너무 흔해서 특별히 들여다 볼 생각도 하지 못했던 그런 순간들을 자세히 뜯어보다 보면 생각지도 못한 발견이 있을 수도 있습니다. 새로운 '특별한 순간'이 태어날지도 모를 일이죠. 그런 새로운 발견의 즐거움을 드릴 수 있었으면 좋겠다고 생각해 이 책을 쓰게 됐습니다. 부디 각 순간에 숨어있는 다른 그림을 찾으면서 일상의 특별하지 않은 순간들을 다시 돌아보는 시간을 가져주셨으면 좋겠습니다.

각 챕터의 구성

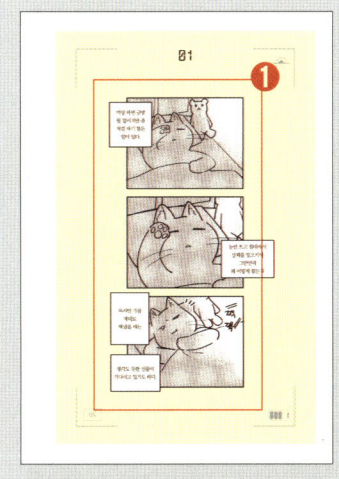

❶ 어떤 순간에 이르기까지의 과정이 만화로 나타나있습니다. 이 만화의 다음 순간이 '우리들의 순간'입니다.

❷ 각 순간에 대한 간단한 설명과 공감이 될 수도, 되지 않을 수도 있는 감상이 써 있습니다.

❸ '우리들의 순간'을 나타낸 일러스트입니다. 두 그림을 비교하며 다섯가지 다른 점을 찾아보세요.

❹ 찾을 때 도움이 되는 힌트입니다.

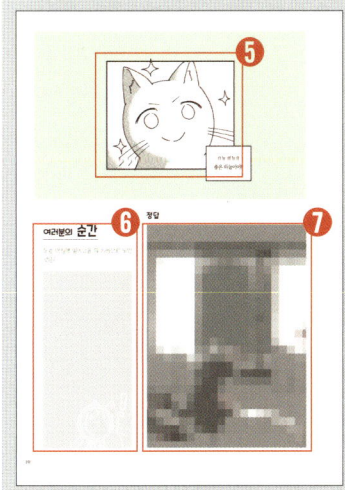

❺ 앞서 나온 일러스트의 다음 장면입니다. 해당 상황의 결말을 보여줍니다.

❻ 챕터의 주제가 되는 순간에 대한 여러분의 생각이나 체험, 감상을 써 보는 공간입니다. 쓸거리가 마땅치 않을 때를 위한 힌트를 덧붙였습니다.

❼ 정답입니다.

시작해요

01

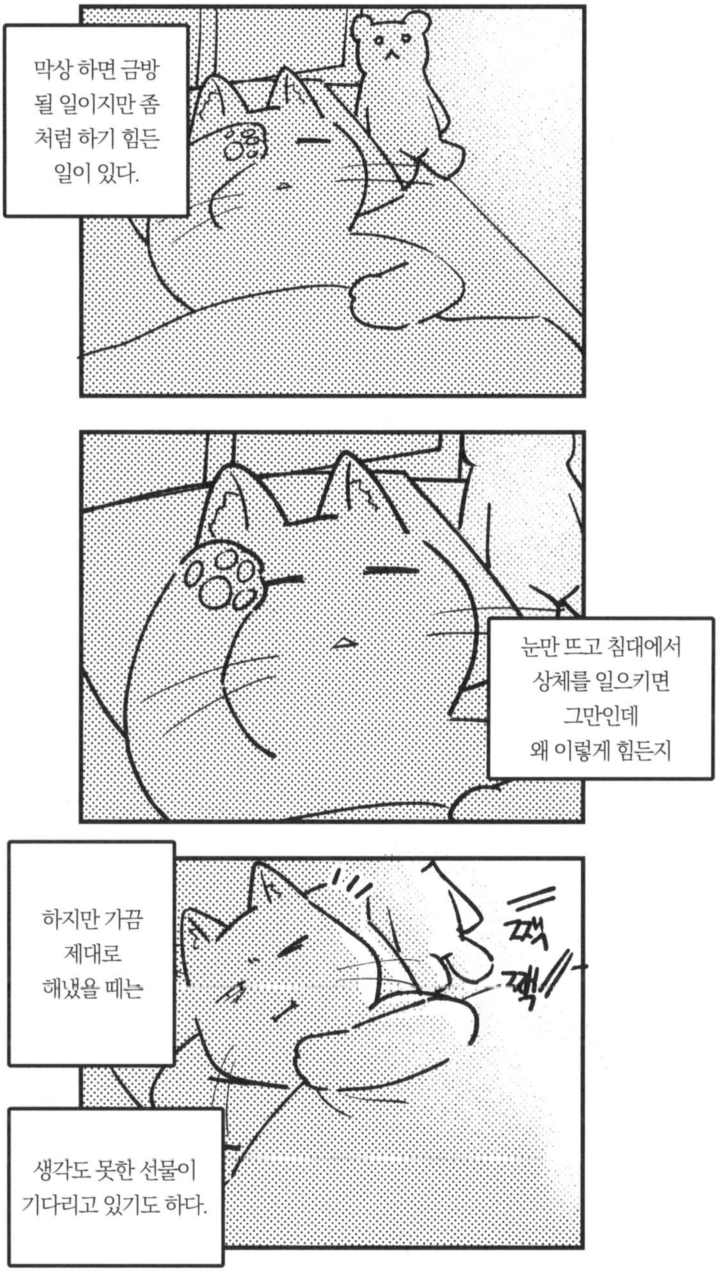

**아침에 일어나서
밖을 본 순간**

하루의 첫 순간은 기분 좋게 맞이하고 싶습니다. 맑든 흐리든, 비가 오든 눈이 오든, 그 풍경을 보고서 어떤 방향으로든 감명을 받을 수 있는 사람이고 싶을 때가 있습니다. 좋은 아침을 원하는 마음은 누구나 같으니까요.

Hint

- 아침에 몇 번 실수하고 나면 핸드폰 알람으로는 안 되겠다는 생각이 들곤 합니다.
- 일찍 일어난 그는 벌레를 잡았을까요?
- 밤은 어둠과 감성과 괜한 생각이 지배하는 무서운 시간입니다. 동반자는 필수죠.
- 유튜브 보다 주무셨나 봐요.
- 만약 그러셨다면 지금 스마트폰이 큰일 났습니다.

여러분의 순간

오늘 아침에 일어났을 때 처음으로 보인 것은?

정답

현관문을 열고 계절을 느끼는 순간1

엄동설한에 바깥으로 내딛는 첫걸음부터 털이 곤두서고 몸이 움츠러듭니다. 이 추위를 뚫고 겨우 도달한 곳이 힘든 노동의 현장이라니, 그렇게 생각하면 몸 뿐 아니라 마음도 추워지는 겨울 아침의 한 때입니다.

Hint

- 이웃도 나와 마찬가지로 출근길에 오른다고 생각하면 조금은 위로가 될지도?
- 초인종 카메라가 없던 시절의 흔적일까요?
- 추운날에는 매우 편리하지만, 스마트폰 터치기능은 필수랍니다.
- 몸가짐을 신경쓸 겨를도 없는 아침의 출근시간입니다.
- 지금부터 나가야 하는데 미처 들여놓지 못한 택배가 있을 때 여러분은 어떻게 하세요?

여러분의 순간

겨울 추위를 극복하는 자신만의 방법은?

정답

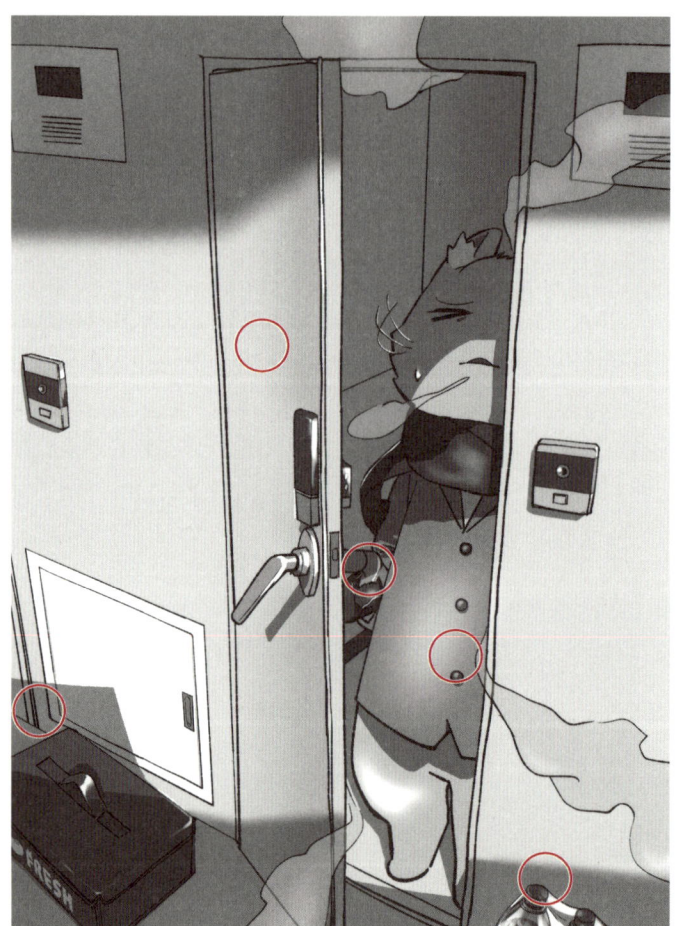

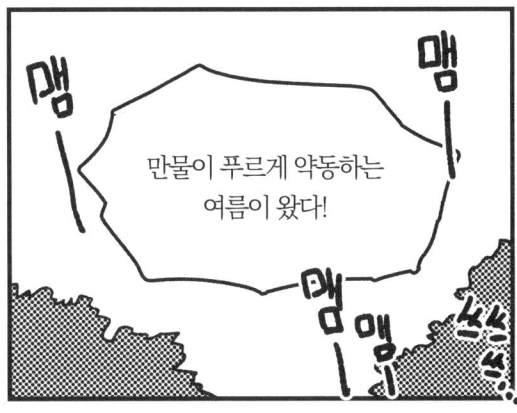

**현관문을 열고
계절을
느끼는 순간2**

문을 여는 순간 숨이 턱하고 막힙니다. 온 몸으로 느껴지는 습기와 열에 무심코 숨을 삼키며 우리는 본격적인 여름을 처음으로 느낍니다. 하지만 다음 순간 선명한 콘트라스트로 가득한 풍경이 눈에 들어옵니다. 그땐 이 계절도 즐겨볼만하다는 생각이 들곤 합니다. 아닐수도 있구요.

Hint
- 남쪽 섬의 기념품인가, 산 속 사원의 기념품인가. 언뜻 비슷해도 많이 다르네요.
- 식물을 보면 여름 특유의 생명력이 잘 느껴집니다.
- 얼마전에 태풍이라도 온 걸까요? 대비책이 그대로 남아있네요.
- 이대로 손을 놓으면 날아 올라서….
- 광고지는 메인 문구가 주는 첫인상이 얼마나 소비심을 자극하는가에 성패가 달려있죠.

여러분의 순간

여름의 더위와 관련된 인상적인 기억은?

정답

침대에 다이브하는 순간

모든 것을 벗어 던져도 되는, 벗어 던져야 하는 순간입니다. 우리는 쉬어야 하니까요. 하루 중 중력과 자기 몸에 가장 솔직해질 때입니다. 그 순간이 나날이 더 소중히 느껴지는 걸 보면 우리 삶에서 점점 희소한 것이 되어가는 것 같습니다. 조금 안타깝네요.

Hint

- 어릴 때, 누우면 보이도록 천정에 붙여놓고는 했습니다.
- 편안한 잠을 위해 실내를 차분한 향으로 채워 봐요.
- 방을 정리할 때 애매한 것들은 전부 상자에 넣어서 높은 곳에 두고는 했죠.
- 이렇게 해두면 언제나 새 것 같은 기분을 주기는 하지만 안고 있기에는 조금 불편한 것 같아요.
- 뒤집어서 베면 묘한 위화감이 느껴지지 않나요?

여러분의 순간

어제 잠자리에 누우면서 한 생각은?

정답

**체중계에
발을 올리는 순간**

어젯밤 당섭취의 유혹에 이기지 못했던 것, 요 며칠 유난히 에어프라이어를 많이 사용한 것, 등등 지난 시간들이 주마등처럼 스쳐 지나갑니다. 그래도 최근들어 평소보다 조금 많이 걸었던 것도 같기도 해서 어쩌면...싶은 마음도 들고요. 어떤 때보다 엄숙하게 체중계에 두 발을 올립니다.

Hint

- 전자식은 팔에 감고 탕에 들어갈 때 조금 걱정이 됩니다.
- 탈의실에 구비되어 있는 젤이나 로션 등은 사용하는 편인가요?
- 수건은 제대로 수건 수거함에.
- 사용중인 로커와 그렇지 않은 로커를 구분하는 방법입니다.
- 안 쪽으로 들어가거나 바깥으로 나오거나.

여러분의 순간

체중과 관련해 가장 인상에 남아있는 기억은?

정답

자다 떨어지는 느낌이 드는 순간

떨어지는 듯한 느낌 후에는 뭐라고 설명해야 할지 힘든 감각에 사로잡혀 눈을 뜹니다. 그걸 어떻게든 설명해보려고 하는데 언제나 쉽지 않네요. 자다 깼을 때의 그 느낌은 휘발성이라 하루에 한 번 느낄까 말까한데도 여운은 신기하게 오래 남는 것 같습니다.

Hint
- 필기 내용을 수정하기 위한 도구 같습니다.
- 일어났을 때 부끄러움을 두배로 만들어주는 흔적입니다. 뒷처리도 귀찮아요.
- 방어 본능을 지나치게 자극당한 모양입니다.
- 끝까지 제대로 밀어 넣읍시다.
- 누가 벽에 바짝 붙어서 걸어다닌 모양입니다.

여러분의 순간

마지막으로 떨어지는 느낌을 받으며 일어난 건 언제쯤?

정답

전화가 울리는 순간

직종이나 놓인 상황에 따라서는 전화벨이 울리는 순간 필요 이상의 긴장감을 느끼기도 합니다. 불길한 느낌에 주저하며 어디서 온 전화인지 조심스레 확인할 때, 손이 겨우 수십cm 움직일 동안 심장은 100m질주라도 하는 듯 유난을 떱니다. 만약 별 것 아닌 전화였다면 안도보다 손해본 기분이 찾아오는 건 그래서일까요?

Hint

- 잠깨는 음료. 약국에서 살까 카페에서 살까.
- 뭔가를 썼다가 지운 모양입니다.
- 지우지 않고 처리한 것 같은 흔적도 있네요.
- 쉴 때는 창밖을 봅시다. 눈 건강에 좋을 것 같은 색이 보이네요.
- 곁에 두고 늘 보는 사진은 그 사람의 여러 가지를 말해주는 것 같습니다.

여러분의 순간

최근 전화 때문에 깜짝놀란 경험에 대해.

정답

이불킥 하는 순간	이불 속이 이불 밖만큼 위험해지는 얼마 안 되는 순간 중 하나입니다. 부끄러운 과거는 이럴 때 유독 해상도가 높습니다. 떠오른 부끄러운 사건을 머리로 인식했을 때 이미 발은 이불을 차고 있고, 이불을 차버린 자신이 또 한 층 부끄러워지고…어두운 밤을 더욱 무섭게 만드는 악순환입니다.

Hint

- 여가를 어떻게 보내는지 암시해 주는 작은 도구들입니다.
- 여름용 가전제품을 저렴하게 구입할지, 저렴하게 사용할지. 중요한 판단이지요.
- 전기로 인한 화재 위험이 있는 사용법입니다.
- 막대한 정보가 다름아닌 창문을 통해서 오고 가는 모습입니다.
- 아침에 핸드폰 알람이 울리지 않을 수도 있겠네요.

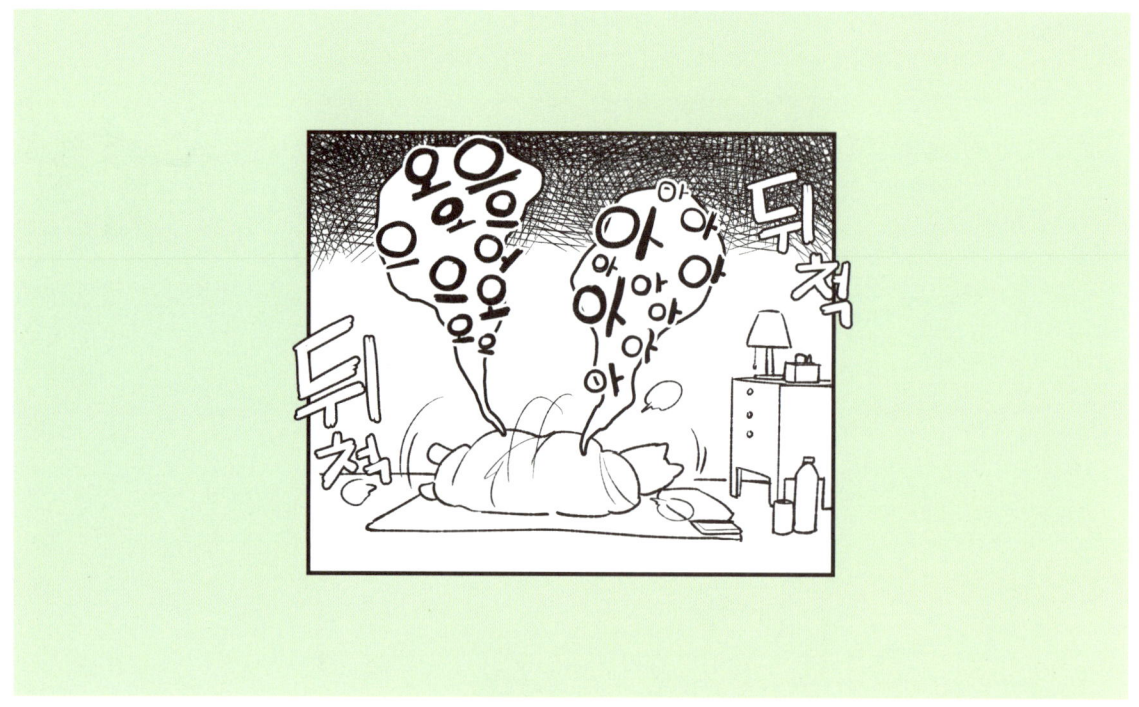

여러분의 순간

당신이 이불을 차 버린 이유는?

정답

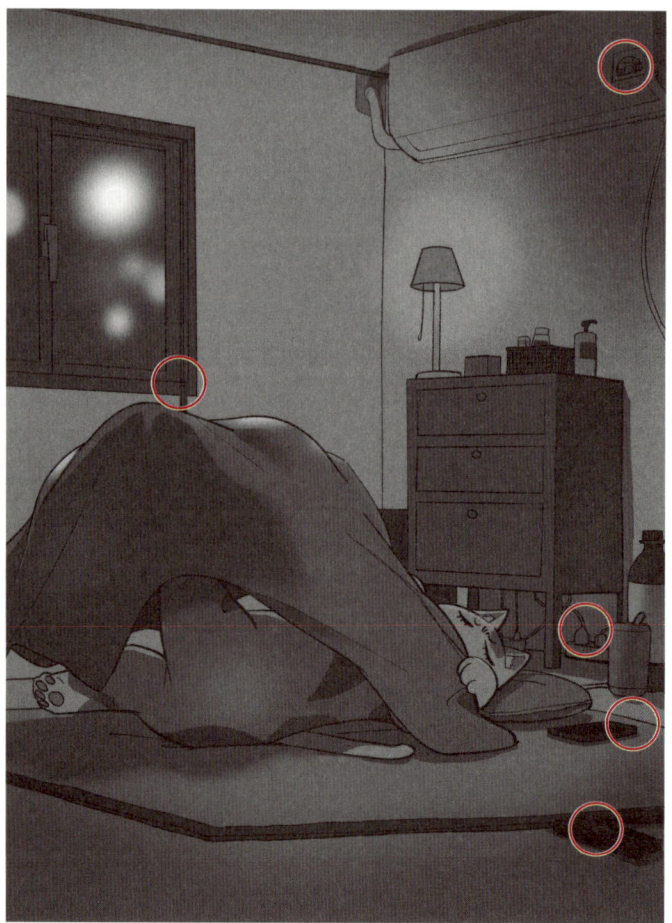

09

**시간이
많이 흐른 것을
깨닫는 순간**

'벌써…?'라는 말이 절로 나오는 때가 있습니다. 그 다음 순간이 후회와 허무함일지 자랑스러운 충만감일지가 늘 관건이죠. 그런 경험과 그 사이사이의 지루함을 왔다갔다 하며 우리는 살고 있습니다. 그 속도 때문에 가끔 현기증이 날 정도입니다.

Hint
- 조만간 창 밖 풍경에 새로운 건물이 더해질 것 같습니다.
- 나만의 것이라는 표식, 한 눈에 알기 쉬울수록 좋습니다.
- 오랫동안 일을 하다보면 뭐라도 입에 넣고 싶어지곤 합니다. 집중력에는 연료가 필요해요.
- 컴퓨터에 끼울 때 좀처럼 한번에 들어가지 않죠. 한 두번은 뒤집게 됩니다.
- 마을 어디에서 봐도 눈에 띄는 높은 곳에 아무 의미없는 여백이 있다는 것. 상징적인 일입니다.

여러분의 순간

충실함을 느낀 가장 마지막 순간에 대해.

정답

**서로
같은 방향으로
피하는 순간**

왼 쪽에서 오른 쪽으로 한 번 두 번 세 번…정말로 드물게 몇 번이나 같은 방향으로 피해 버리는 경우가 있습니다. 안달을 내다가 서로 엇갈리면 눈이라도 마주칠까 잽싸게 지나 갑니다. 그렇게나 찰떡같이 호흡이 맞는 상대라도 되도록 빨리 멀어지고 싶다고 느낄만큼 머쓱함이란 참기 힘듭니다.

Hint
- 화재에는 각별한 주의를. 아무리 강조해도 지나치지 않습니다.
- 역을 깨끗이 해주시는 분이 잠시 자리를 비우셨나봅니다.
- 자전거를 타러 먼 곳에 갈 때는 주말이 좋죠. 전철을 이용할 수 있으니까요.
- 안내용 글자가 움직이거나 움직이지 않거나.
- 알아볼 수 있는 글자로 쓰면 멋이 덜한가요?

여러분의 순간

가장 여러번 피한 것은 몇번?

정답

**추운 겨울,
실내로 들어간 순간**

눈앞이 하얗게 변해버립니다. 마침 닦을 만한 것을 가지고 있지 않았을 때는 생각보다 매우 곤란해집니다. 하지만 이 현상은 반드시 강추위에서 해방됨과 함께 찾아오기 때문에 성가심에 비해서 덜 미움받는 것 같습니다. 파블로프의 개가 생각나요.

Hint

- 식물도 겨울을 따뜻하게 날 필요가 있습니다.
- 이 가지를 보면 한 어린이의 가슴아픈 사연이 눈에 선히 떠오르는 듯 합니다.
- 아이가 꼭 가져가고 싶다고 고집을 부리거겠죠. 이런 건 보호자의 가방에 들어가게 됩니다.
- 외출할 때 카드는 소중히. 어린이라도 마찬가지입니다.
- 눌러야 열리는 자동문은 정말로 '자동'이라고 할 수 있는지 의문이 들기도 합니다.

여러분의 순간

안경에 낀 김 때문에 곤란했던 적은?

정답

SNS에 반응이 온 것을 알게 된 순간

SNS에 올린 사진에 감상과 좋아요가 얼마나 왔을지 기대하게 되는 기분은 많은 사람이 알고 있을 겁니다. 보고 있지 않아도 스마트폰에 의식이 향해있던 중, 알림음이 울리는 순간 잽싸게 꺼내서 들여다봅니다. 재난문자가 억울하게 미움받는 이유중 하나가 바로 여기에 있습니다.

Hint

- 들리지 않는 거리에서 눈으로 감상하는 연주와 노래도 나름의 정취가 있습니다.
- 창문을 여는 데 필요한 각오가 다른 집들의 1.5배. 철로 근처의 건물입니다.
- 비어있는 광고판에 꽂힌 의문의 명함. 평범한 광고보다 더 호기심이 쏠리곤 합니다.
- 일반적으로 팔목에 두르는 것은 부의 상징이거나 최신기술의 상징이거나 둘 중 하나겠죠.
- 전철에서 음료수를 마시는건 매너 위반이라고 합니다.

여러분의 순간

핸드폰 알림에 가장 크게 반응하는 순간은?

정답

모르는 정류장에서 눈을 뜨는 순간

문득 눈을 떴을 때 낯선 풍경이 눈에 들어오면 순식간에 잠이 달아납니다. 그리고 평소에는 좀처럼 하지 않는 실수를 했다는 사실에 놀라고 당황하다보면 좀 이상하다는 생각이 듭니다. 어째서 평소에는 목적지 근처에 왔을 때 자연스럽게 눈이 떠졌던 걸까요?

Hint
- 방금 전까지 이 자리에 있던 사람은 심심했나봅니다.
- 깊이 잠들었을 때 생기는 일이지만 누가 보기라도 하면 참 창피하죠.
- 탈 때는 필요했지만 내릴 때는 필요가 없어진 걸까요? 대체 무슨 일이 있었기에?
- 앞자리 사람처럼 놓고 내리지 않아야 할텐데요.
- 누가 경찰 좀 불러주세요.

정답

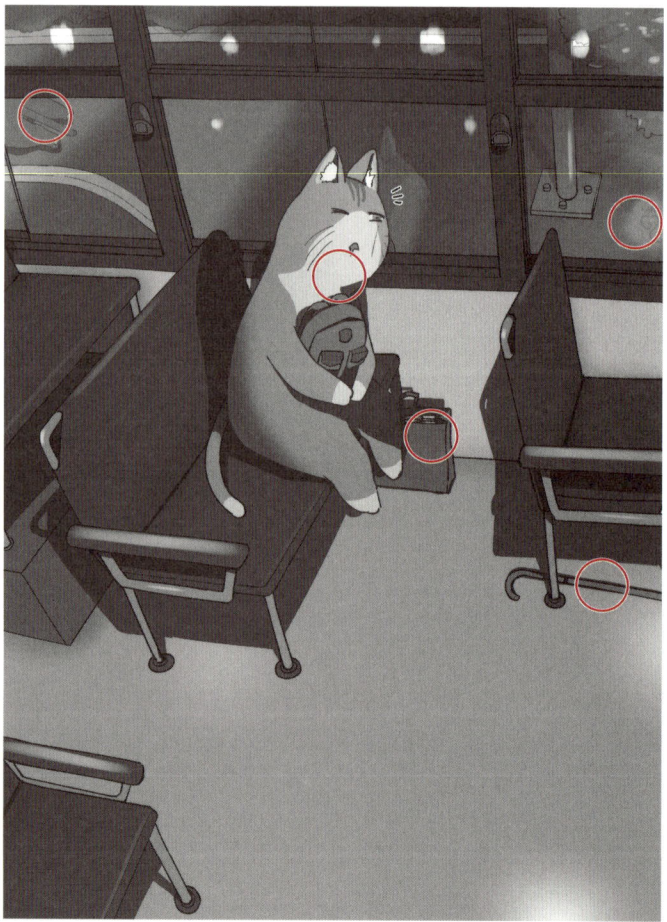

여러분의 **순간**

목적지를 가장 멀리 지나쳤던 그 날의 기분은?

벽에 발가락이 찍히는 순간

신경을 타고 통증이 머리에 도달하면 그 다음은 감정이 움직일 차례입니다. 화가 날 수도 있고 슬퍼질 수도 있지만 무엇보다 당장은 무서움이 앞섭니다. 혹시 피라도 났을지, 모양이 이상해지지는 않았을지, 뭐가 벗겨지지는 않았을지. 아픈 곳을 확인할 때 무심코 한 쪽눈을 감은 채 조심스럽게 들여다 보게 되는 그 기분말입니다.

Hint

- 방심하면 금방 쌓이게 됩니다. 먹고 살려면 어서 처리해야 하죠.
- 신식으로 교체한 모양입니다. 벽에 비해서 깨끗하네요.
- 이쪽도 교체했군요. 열기 쉬워진 것 같습니다.
- 벽에 붙여놓기까지 했다는 건 어지간히 좋아한다는 뜻이겠죠. 취향차이가 보이네요.
- 페인트를 칠하거나 창문을 닦는 작업원분의 생명줄같아 보이네요.

여러분의 순간

주로 부딪히는 곳은?

정답

**택배가
도착하는 순간**

도착하기 며칠 전부터 우편물 추적을 확인하고 또 확인하고, 마침내 초인종이 울리면 그렇게 반가울 수가 없습니다. 기다림이라는 오락은 몇 번을 해도 질리지 않기 때문에 장바구니는 비어있을 줄을 모릅니다. 결제를 클릭하는 순간의 스릴은 덤같은 거죠.

Hint
- 이 곳의 높이를 대략적으로 알 수 있습니다.
- 지금 계절도 알 수 있는 것 같습니다.
- 망가지기 쉬운 섬세한 물건이면 받아서 빨리 확인해보고 싶은 마음도 이해가 가죠.
- 주문한 것도 기억 못하는 택배가 어느날 갑자기 문 앞에 있는 일도 종종 일어납니다.
- 터치펜일까요?

정답

여러분의 순간

특히나 배송이력에서 눈을 떼지 못했던 물건은?

정리하다가 그리운 물건을 발견한 순간

대청소를 위협하는 최대의 적이 나타나는 순간입니다. 하지만 그에 대한 저항력은 언제나 0에 가깝죠. 사실은 모두 알고 있는게 아닐까요? 그 재미라도 없으면 대청소를 할 수가 없다는 걸 말입니다.

Hint
- 이걸 제대로 청소하려면 꽤나 수고스럽습니다. 창틀에서 뺄 필요가 있죠.
- 다육식물에도 여러 종류가 있죠. 참 귀엽습니다.
- 잊고 있다가 청소 중에 발견하게 되면 뜻밖의 이득을 본 기분이 듭니다.
- 일단 주워놓은 쓰레기는 버려도 좋을텐데….
- 얼굴이 가득히 비친 사진은 자신감의 상징. 다함께 찍은 사진은 추억의 상징.

여러분의 순간

청소를 가장 방해하는 물건들에 대해.

정답

17

**모임에서 돌아와
자취방에
들어온 순간**

아직 귀에 남아서 웅웅거리는 거리의 소음을 느끼며 옷을 벗고, 소지품을 내려놓고…편한 차림으로 한숨을 돌리면 비로소 찾아오는 정적이 참 낯설게 느껴집니다. 뭐든간에 소리로 방을 채우고 싶어지는 순간입니다. 다음 즐거움을 위한 쉼표는 언제나 조금 쓸쓸합니다.

Hint
- 깊고 좁은 컵 종류는 설거지 하기 힘들지 않나요?
- 맑은 공기도, 습도도 중요하지만 동시에 사용할 수는 없다고 하네요.
- 문에서 일일이 떼어 놓기도 귀찮아서 없어지기만을 바라는 편입니다.
- 주말 일정이 많은 건 저주일 수도 있고 축복일 수도 있습니다.
- 혼자 지내는 방에는 작은 친구를 하나 두고 싶어집니다.

여러분의 순간

아무도 없는 집이 유독 조용히 느껴진 날의 기억에 대해.

정답

더운 날 마시는 아이스 아메리카노의 순간

정신이 확 드는 건 카페인 때문인지 얼음 때문인지, 아니면 지친 도시인 동지들의 쉼터에 합류했다는 사실 때문인지…. 도시를 바삐 항해하기 위해 잠시 들러야 하는 이 작은 선착장에서는, 그런 걸 따지고 있을 틈이 없습니다. 다음 섬으로 가기 위한 짧은 휴식이 조금이라도 즐거울 수 있도록 전념할 뿐이죠.

Hint

- 그냥 물과 얼마나 차이가 있을까 싶었는데 의외로 많이 다르다고 합니다.
- 노는 걸까요? 아니면 일? 과제?
- 겨울에도 아이스는 포기할 수 없습니다.
- 환경을 생각하는 댓가로 입술이 자꾸 달라 붙습니다.
- 매장 주인의 취향을 알 수 있는 부분입니다. 장식을 관찰해보는 것도 재미있어요.

여러분의 **순간**

커피가 유난히 맛있었던 날의 기억에 대해.

정답

첫 눈을 밟는 순간

할 때는 아무런 감흥이 없다가도 그 의미를 생각해보면 그때서야 마음에 와닿는 순간들이 있습니다. 그 해 첫 겨울의 첫 눈을 처음으로 밟는 일이 바로 그런 일 중 하나이지 않을지. 충분히 기념적이면서도 살면서 몇번은 겪을만큼 보편적이고 달성했는지 어떤지 알기 쉬운 삶의 도전과제. 눈놀이를 하며 놀기에는 조금 어른이 되어버린 지금도 눈은 이런 즐거움을 주네요.

Hint

- 어떻게 이런 곳에…?
- 요 몇 년동안 유행하고 있죠. 그런데 왜 하필 오리일까요?
- 방치하면 안 좋은 일이 생길 수도 있어요. 누군가 치우는 게 좋을 것 같습니다.
- 높은 곳에서부터 흘러내린 먼지가 그대로 얼어버렸기 때문에 핥으면 안돼요.
- 추웠을 것 같습니다. 빨리 빠져 나와서 따뜻한 곳으로 갔으면 좋겠네요. 우리집은 안돼요.

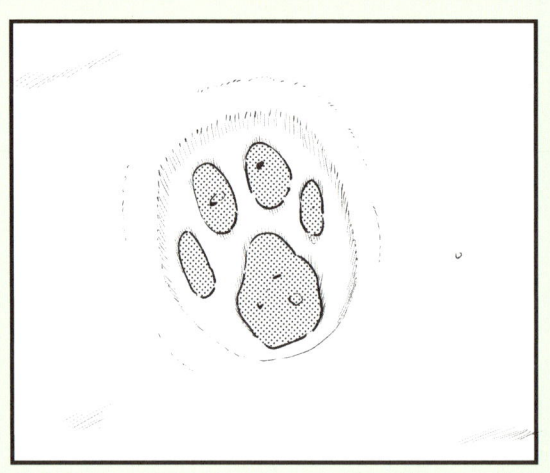

여러분의 순간

첫 눈을 밟을 때의 감상은?

정답

**계절이 바뀐 것을
실감하는 순간**

인간은 적응의 생물이라지만 그 과정이 간단히 이루어지지는 않기에 언제나 힘이 듭니다. 특히나 한국인들은 혹한과 혹서를 오가는 환경에서 살고 있기에 더 그렇습니다. 아주 잠시 그 중간 과정이 찾아오는 순간, 계절 스위치를 바꿀 준비를 하며 우리는 한 순간의 쾌적함에 몸을 맡깁니다.

Hint

- 새로운 계절에 이런 현장을 보면 새 출발하는 시기라는 느낌이 한 층 더 강하게 듭니다.
- 하늘과 아주 조금 더 가까운 곳에서 햇빛을 받는 식물들. 더 잘 자랄 것 같은 기분이 드네요.
- 아웃도어 활동을 즐기는 사람들을 보면서 계절이 바뀌었음을 느끼곤 합니다.
- 평소같으면 굳이 가지 않을 곳도 새로 생겼다면 한 번은 들어가보고 싶은 기분이 들죠.
- 테라스에서 느끼는 새로운 계절. 작지만 소중해요.

여러분의 **순간**

올해, 계절이 바뀐 것을 실감한 계기는?

정답

마치며

우리가 과거를 돌아볼 때는 대체로 '특별한 순간'이 주인공입니다. 몇 가지 특별한 순간들이 우리 삶의 여러 대목에서 떠올려지고, 이야기되고, 기록으로 남게 됩니다. 말하자면 스포트라이트를 받으며 무대에 서는 것입니다. 하지만 그렇게 특별한 순간들을 떠올리며 새삼 감동하거나 감상에 젖거나 기운을 얻고 나면, 그 다음은 특별하지 않은 순간들의 차례가 옵니다. 특별한 어떤 순간을 버팀목삼아, 목표삼아 살아온 시간들 대부분은 특별하지 않은 순간들로 이루어져 있습니다.

우리가 지나온 시간들의 기억은 체험한 여러 순간들이 모자이크되어 만들어지는 하나의 그림 같습니다. 다양한 색깔들이 모여서 전체를 이루고 있는 중, 특별한 기억들은 말하자면 악센트입니다. 아주 적은 공간을 차지하면서도 강렬한 인상을 주는 존재라고 할 수 있습니다. 하지만 전체의 인상을 결정하는 것은 결국 대부분의 면적을 차지하는 반복적인 패턴들입니다. 여러 번 체험한 일상적인 순간들은 물고기를 둘러싼 물 같습니다. 물고기에게 물이 당연한 것 처럼 우리도 그런 순간들을 특별히 의식하지는 않습니다. 하지만 물이 없이 물고기를 이야기할 수 없듯, 특별하지 않은 순간들이 바로 우리를 정의해 줍니다. 그것들을 살펴봄으로써 우리는 스스로를 조금 더 잘 알게 될 수 있을 것입니다. 그건 의외로 인상적이고 감동적인 체험이 될지도 모르죠.

일상적이고 수수한 기억들을 돌아보면서 얻는 감동이란 각자의 삶의 향이 베어있는 깊은 맛을 냅니다. 이 책이 그것을 체험하는 계기가 되었다면 저는 더할 나위없이 기쁠 것 같습니다.

고마워요